marbachermagazin 128

Der Dichter als Kind

Ein Essay und fünf szenische Objekte

von SIBYLLE LEWITSCHAROFF

Deutsche Schillergesellschaft
Marbach am Neckar

Der Dichter als Kind

Ein Essay von Sibylle Lewitscharoff

Es gibt Menschen, die blicken nicht mit einem holdseligen Lächeln auf ihre Kindheit. Seit Sigmund Freuds Schriften sich in der Welt bemerklich machten, ist es uns nicht mehr vergönnt, die Kindheit aus süßer Verwunschenheit in die Erinnerung zu rufen. Das Klischee von der kindlichen Unschuld und vom kindlichen Glück zieht nicht mehr.

Bei Friedrich Schiller hat es nie gezogen. Er war nie Kind. Jedenfalls hat er sich nicht dafür interessiert, je eines gewesen zu sein. Er war, als er auf die Bühne der Welt trat, ein großer Mann, damals zwar ein langgewachsener Jüngling noch, groß aber schon im Sinne des Denkens und Wollens. Alles Weiche, Nachgiebige, Formbare, Unbehülfliche, noch nicht zur Vollendung gelangte, war ihm zuwider. Kein Verehrer der Natur, erst recht kein Verehrer des kindlichen Lallens, schwebt über Schiller der Lorbeerkranz des Imperators. Emil Staiger, der berühmte Germanist, lobte an ihm das Römische. Von Römern ist nicht bekannt, dass ihnen die Kindheit etwas bedeutet hätte. Kampfgeist zeichnete Schiller aus, Willenskraft, Entschiedenheit, Festigkeit, im späteren Leben, als er von entsetzlichen Schmerzen gequält wurde, stoischer Gleichmut.

Schiller blümelte mit Kindern nicht lang herum. Kein Blumenkranz ziert das Lockenköpfchen des Sohnes von Wilhelm Tell; ein Apfel wird ihm vom Kopf geschossen.

Es ist deshalb nicht verwunderlich, dass es um Friedrich Schiller so gut wie keine Kindheitsgeschichten gibt. Von ihm selbst erzählte sowieso nicht. Wozu hätte er sich damit abgeben sollen, ein Mann, den das Funktionieren der Macht leidenschaftlich interessierte, ein Dichter, der sich selbst vom Fluidum einer ganz besonderen Macht getragen fühlte: der Macht des Genies? Einer, der sich selbst formte und sich nicht formen lassen wollte? Der den Einbruch der bürgerlichen Sitten in die höfische Welt analysierte? Dem die Rebellion der zwar jungen, aber eben nicht kindlichen Söhne gegen die Väter am Herzen lag? Schiller träumte mit erwachsenem Kopf von der Freiheit, sein Verstand war fähig, manchen Schrecken der Freiheit zu erahnen, immerhin legte er seinem Karl Mohr in den Mund, die Freiheit brüte Kolosse und Extremitäten aus.

An dieser Stelle möchte ich dem Leser sagen, dass ich Friedrich Schiller für diesen Zug seiner Persönlichkeit verehre. In unserer von Kindelei zu Kinderei taumelnden Zeit lässt sich ein Kindheitsverleugner, wie Friedrich Schiller einer war, geradezu als Leuchtfigur herbeschwören. Ohne viel gereist zu sein, war er ein Bürger, der seinen Gedankenleib literarisch in der ganzen Welt spazieren führte. Er war ein neunundneunzigprozentiger Erwachsener, der sich dem archetypisch grundierten Modder der menschlichen Winzlingsjahre verschloss. Wahrscheinlich scheute er sich, die Gärungsmasse aufzurühren, die am Grund der eigenen Kindheit auf den neugierigen Seelenkundler wartet. Schillers Spieltheorie, das Herzstück seiner ästhetischen Reflexionen, befasst sich denn auch weniger mit dem Spieltrieb des Kindes als mit der Kindheit der Menschheitsgeschichte, die das Grauen der Naturkatastrophen durch Menschenopfer zu bewältigen suchte. Über einen komplexen Prozess, der sich über Jahrtausende hinzog, lernten die Menschen im zwanghaften rituellen

Wiederholen allmählich das Symbolisieren, wodurch es möglich wurde, die Menschenopfer zu ersetzen, um dann in eine Zeit einzutreten, in der die festen Bande des Rituellen spielerisch gelockert werden konnten. Schiller sah sich und seine Zeitgenossen in der privilegierten Lage, in den schönen Spielen der Literatur und Kunst, die den Ernstfall nur simulieren, einen Ersatz zu finden, der sie vom Zwang erlöste und in den Genuss der Freiheit brachte.

Ob er nun wollte oder nicht, naturgemäß war Friedrich Schiller in den siebzehnhundertsechziger Jahren Kind. Und es wird da ein Geschichtchen erzählt, das zu dem Knaben Schiller gut passt – er soll nämlich auf kleinem Podium und vor kleiner Gesellschaft schon geübt haben, worum es ihm später zu tun war: auf großem Podium aller Welt ins Gewissen reden, ihr zeigen, wie es um die intrikaten Beziehungen zwischen Freiheit und Tugend bestellt ist.

Will man dem Vater glauben, so soll der kleine Schiller ein närrisch frommes Kind gewesen sein, seine Leidenschaft für das Theater kam im Gewand der religiösen Erbauung daher. In frommem Geleis wandelte auch Schillers Mutter, die eine Anhängerin der Schriften des schwäbischen Pietisten Johann Albrecht Bengel war. Ihre poetisch verschwimmende Herzensfrömmigkeit äußerte sich in allerlei Sinnsprüchen, im Zeigen und Erklären so mancher biblischen Szene.

In des Freiherrn von Biedermann Sammlung von Schillers Gesprächen wird nach den Worten von Schillers Schwester Christophine eine Szene rekonstruiert: »Er fing auch oft an zu predigen, stieg auf einen Stuhl und ließ sich von seiner Schwester ihre schwarze Schürze statt dem Kirchenrock umhängen. Dann mußte sich alles um ihn herum still und andächtig verhalten und ihm zuhören [...]. So jugendlich diese Vorträge auch waren, so hatten sie doch immer richtigen Sinn, er reihte einige Sprüche recht schicklich zusammen und trug sie nach seiner Weise mit Nachdruck vor.« [Zit. nach: *Schillers Gespräche*, hrsg. von Freiherr von Biedermann, Zürich 1974, S. 7.]

Damals soll der lebhafte Knabe sich heiß gewünscht haben, später einmal selbst Prediger zu werden. Der Ortsdiakon in Lorch, Philipp Ulrich Moser, den Friedrich verehrte, scheint diesen Wunsch in ihm geweckt zu haben. Wahrscheinlich war die Haltung des Predigens an sich verlockend – sich selbst erhöht zu präsentieren und der Gemeinde in freier Rede seine Gedanken einzuprägen, das weist auf das spätere Bühnentalent, die Lust, mit dem Publikum umzuspringen. Die Prediger- und Kalendersprüche, die Stellen aus der Bibel wusste der Knabe schon so aneinanderzuhängen, dass sich ein sinnvolles Ganzes ergab. In einem winzigen Kinderkreis drängte das Talent an die Öffentlichkeit und bewies früh ein Gespür für Maß und Proportion, also für Form.

Um mit einem Lieblingswort von Peter Sloterdijk zu reden: Das Knäblein Schiller war schon früh in die Vertikalspannung geschlossen. Es drängte ihn nach oben. Und aus seiner jungen Kehle sprudelten Worte, die ihn hoch und höher hinauftrugen.

Dass er so früh mit Nachdruck, so feurig gesprochen haben soll, weist voraus auf eine kuriose Eigentümlichkeit, die Schiller in jungen Jahren angehangen hat: Er kam beim Vortragen seiner Gedichte und Bühnenstücke in Hitze, dass sich seine Rede fast überschlug. In Mannheim, wo er vor versammelter Theaterrunde vorlas, darunter auch der berühmte Schauspieler Iffland, wurde durch seine Art des Deklamierens der *Fiesko* zum Fiasko. Unschön klang den Versammelten Schillers Schwäbisch in den Ohren, sein durchgängig hochtrabender Ton, das Zischen und Spucken, die hysterischen Schraubungen machten den Zuhörern sein Stück regelrecht verhasst.

Der verehrte Friedrich Schiller, er sinke in diesem Text nun wieder zurück, woher er gekommen, aber nicht ohne ein kräftiges Lob: Lob dem Nicht-Kind Schiller, der sich vom Natürlichen und Wurzelhaften möglichst weit entfernte, um mit Hilfe des Verstandes auf langen Beinen durchs Leben zu marschieren, und zwar in einem sagenhaft mitreißenden Rhythmus.

***

Als Nächstem möchte ich mich einem Schriftsteller zuwenden, der zwar über das Kindsein schrieb, damit aber überkreuz war, und zwar in einer für die damalige Zeit unerhörten Weise. Gemeint sind Karl Philipp Moritz und sein *Anton Reiser*.

Karl Philipp Moritz war ein Pionier. Er war der Erste, der über die Kindheit nicht in einem Erwachsenenmuster, sondern in einem modernen Sinn schrieb, wobei er der Kindheit eigene Rechte, einen eigenen empfindsamen Schonraum zubilligte. Was geschieht, wenn dieser Schonraum verletzt wird, wie eine kindliche Seele dabei zerrüttet und verbogen wird, davon handelt sein *Anton Reiser*. Man spürt hier bereits, wie das alttestamentliche Gebot, man solle seine Eltern achten, durch das Gebot ersetzt wird, man solle sie lieben, was aber nur möglich ist, wenn die Eltern zuvor ihre Kinder ebenfalls geliebt haben.

Der *Anton Reiser* ist eine Sonderschrift, deren Eigenart bis heute nichts an Frische, Schärfe und Dringlichkeit verloren hat. In den Jahren 1783 bis 1790 erschien sie in vier Teilen. Es handelt sich um einen autobiografisch grundierten Entwicklungsroman, in dem Karl Philipp Moritz aus einer grauen, engen, gequälten Kindheit heraus das Werden eines jungen Mannes beschreibt. Wobei auch Moritz seine Vorläufer hatte, und zwar in Form der pietistischen Bekenntnisbücher, die damals in größerer Zahl kursierten. Ganz und gar neu und anders ist jedoch, dass in dieser Lebensbeichte, oder genauer gesagt Lebensanalyse, die wichtigen Figuren schon bekehrt sind und trotzdem verkehrt im Leben stehen. Unglücklich und hartherzig wie sie sind, empfehlen sie sich nicht zur Nachahmung.

Nein, Moritz besaß so gar nichts von den idealisch romantischen Flugtalenten eines Jean Paul, der sich gern mit dem Rosenöl der Jugenderinnerungen beträufelte, dem sich, sobald ihn danach verlangte, die Kindheit in sanftem Lenzgrün zeigte.

Grau und gelb, gedrückt und neidisch ging's in der Kindheit des Karl Philipp Moritz alias Anton Reiser zu. Nicht umsonst ist Moritz der

Erfinder der Erfahrungsseelenkunde. Der Mann war ein Spezialist der menschlichen Psyche und darin nicht nur ein Vorläufer von Sigmund Freud (und damit ein wenig um den ihm zustehenden Ruhm gekommen), sondern ein Wegbegleiter, der die seelische Feinmechanik in ihren Paradoxien verblüffend genau begriff und in einem romanhaften Rechenschaftsbericht niederlegte, und zwar in einem aus der Unterschicht, was damals allein schon ziemlich ungeheuerlich war. Er kannte sich aus in den chamäleonhaften Seelenregungen, der Wirrnis der Partikel, die das Gedächtnis liefert. Erinnerungen behandelte er mit der gebotenen Skepsis, wusste genau, dass sie meist von einem Wust von Zuschreibungen – dem Hörensagen also – überlagert sind und die Menschen dazu neigen, sich ihre Vergangenheit beim Erinnern zu versüßen.

Ich muss hier um Verzeihung bitten, wenn ich Karl Philipp Moritz und seinen Anton Reiser allzu flott in eins setze. Der Mensch aus Fleisch und Blut und die Romanfigur, sie sind niemals dasselbe, auch wenn der Autor Vorkommnisse aus seiner Kindheit für die Erfindung genutzt hat. Wie signifikant Erfindung und Leben in diesem Fall voneinander abweichen, darüber weiß ich zu wenig.

Bevor es das von Freud in die Welt gesetzte Wort »Wiederholungszwang« gab, ist dieser frühe Diagnostiker und Arzt seiner selbst dem Phänomen durch unerschrockene Rückversetzung in die Kindheit auf die Schliche gekommen. Auch der junge Reiser steht unter dem Zwang, schmachvolle Situationen wieder und wieder herbeiführen zu müssen, weil die frühkindliche Schmach große Macht über ihn hat und eine irregeleitete Spannung ihn treibt, sie durch Wiederholung bewältigen, will heißen: reduzieren zu wollen.

Worum geht es im Anton Reiser?

Ein gehudelter, von beiden Eltern vernachlässigter Bub lernt zu Hause nichts als Zwietracht kennen und wächst zu einem unsinnig verschwärmten Melancholiker heran. Geizig, streng, aber auch chaotisch geht es zwischen den Eltern hin und her, das kränkliche Kind wäre wohl gestorben oder zumindest beinamputiert worden, hätte sich nicht ein Schuster seines entzündeten Fußes angenommen und ihm eine Salbe gegeben. Der Vater geht ganz in einer Quietisten-Gemeinschaft auf, die sich um das Hauswesen des Johann Friedrich von Fleischbein versammelt. Seine moralisierenden Reden leitet er vorzugsweise mit den Worten ein: »Die *Madam Guion spricht*«. [Karl Philipp Moritz, *Anton Reiser*, in: *Werke in zwei Bänden*, hrsg. von Heide Hollmer und Albert Meier, Bd. 1: *Dichtungen und Schriften zur Erfahrungsseelenkunde*, Frankfurt am Main 1999, S. 96; im Folgenden zit. mit Seitenzahl als AR.]

Jeanne-Marie Guyon du Chesnoy, eine französische Mystikerin, die François de Salignac de la Mothe-Fénelon nahestand, galt als erfahren im Erreichen indifferenter Seelenzustände. Sie war die oberste Autorität dieser quietistischen Sekte, deren Mitglieder immerzu bestrebt waren, sich in eine sonderbare Gemütsruhe zu versetzen. Wobei Moritz der Madame Guyon, diesem Popanz seiner Kindheit, eine kleine sadistische Anekdote hinterherschickt, indem er davon erzählt, nach ihrem 1717 eingetretenen Tod habe man den Schädel geöffnet und das inliegende Gehirn vertrocknet und verschrumpft vorgefunden.

Anton Reisers Mutter hingegen ist eher chaotisch fromm, im Katholischen verwurzelt. Sie besitzt ein launisches Gemüt, klagt viel und ausgiebig, sieht sich bei jeder Kleinigkeit vernachlässigt und liegt damit ihrem Mann in den Ohren. Das Problem der Mutter wird mit Scharfsinn erkannt, die eine leidlich annehmbare Person gewesen wäre, wenn sie nicht, »das Unglück gehabt hätte, sich oft für beleidigt und *gern* für beleidigt zu halten« [AR, S. 108]. Auch hier haben wir eine Figur, die sich in ihrem Unglück suhlt, deren Handlungen und Tiraden vom Wiederholungszwang geprägt sind.

Zwischen den beiden Elternklippen gab es für den kleinen Anton kein vertrauensvolles Durchkommen. So etwas wie Liebe scheinen die Eltern für das Kind nicht übrig gehabt zu haben. Seine zarten Ohren sind erfüllt von den Verwünschungen und Flüchen der Eheleute. Die Manöver des Kleinen, sich den Eltern zu entwinden, gleichen deshalb einer Fahrt zwischen Scylla und Charybdis.

Es flieht zu den Büchern. Kaum je ist die Rettung, die ein gehudeltes Kind zwischen zwei Buchdeckeln finden kann, ergreifender geschildert worden. Ich glaube Karl Philipp Moritz aufs Wort, wie stark die Eindrücke waren, die ihm durch seine ersten Bücher widerfahren sind, wie sich dadurch ein Fluchtweg auftat, der ihm erlaubte, sich auf einer Buchstabenleiter dem Zugriff und den Zumutungen der unfähigen Eltern zu entziehen.

Er klettert in die Buchstabenwelt mit Hilfe biblischer Namen, die von einer magischen Anmutung umweht sind – komplizierte Namen wie Nebukadnezar oder Abednego – und lernt auf diese Weise das Buchstabieren. Kaum hat er die erste Hürde hinter sich gelassen und begreift ganze Sätze, bauen sich die biblischen Altväter auf seiner inneren Bühne auf und empfehlen sich zur Nachahmung. So befreiend diese Flucht ist, ein Schatten liegt auf ihr: Der Kleine wird mehr und mehr in eine irreale Welt gedrängt oder vielmehr, er begibt sich mit Macht da hinein und wird dadurch für die unmittelbaren Freuden des Lebens verstimmt. Man könnte einwenden, dass er diese unmittelbaren Freuden auch ohne Bücher niemals kennengelernt hätte. Alles, aber auch wirklich alles, stand in den häuslichen Verhältnissen einem unschuldigen, spontanen Sinnengenuss entgegen.

Schon der kleine Bub hat viel vom Ertöten der Eigenliebe aufgeschnappt und möchte auch gern in jenes selige Nichts eingehen, von dem besonders von Seiten des Vaters so viel die Rede ist. »Er saß daher halbe Stunden lang mit verschloßnen Augen, um sich von der Sinnlichkeit abzuziehen. Sein Vater tat dieses zum größten Leidwesen seiner Mutter ebenfalls.« [AR, S. 100.] Der Kleine fängt an, den Märtyrern nachzueifern und sich mit Nadeln zu stechen, fasst wieder und wieder den Vorsatz, sich zu bekehren und seine Andachtsübungen zu intensivieren. Ein Buch gelangt in seine Hand, das Kinder in der Frömmigkeit unterweist, und er fühlt sich schuldig, weil er vielleicht schon einige Jahre des geduldigen Übens im stufenweisen Fortrücken der Frömmigkeit versäumt hat.

Nun, er kommt mit seinen Übungen doch recht weit, wird allmählich fähig, wie befohlen die innere Stimme zu trainieren. Es endet damit, dass er sich regelmäßig mit Gott unterhält. Auf recht vertraulichem Fuße, wie uns der Roman mitteilt. Und zwar so, »wie man ohngefähr mit einem seines Gleichen spricht, mit dem man eben nicht viel Umstände macht, und ihm war es denn wirklich immer, als ob Gott dieses oder jenes antwortete.« [AR, S. 100.]

Anton ist inzwischen neun Jahre alt. Mit seinem Vater, der nun etwas gnädiger gegen ihn gestimmt ist, unternimmt er eine Reise nach dem Landsitz des Friedrich von Fleischbein. Dort ist man freundlicher zu ihm, als er es von zu Hause gewohnt ist, und der Knabe lebt auf. Ihm wird mehr Freiheit gegönnt. Im Park des Anwesens entwickelt er einen Jesustick. Viele Jahre war er mit Jesus traktiert worden; in den Schriften der Madame Guyon ist aber immerzu in der Verkleinerungsform von Jesus die Rede, deshalb stellt sich Anton seinen Jesus als ein Bübchen und somit Spielkameraden vor. Wenn man schon mit Gott plaudert, warum nicht mit seinem hochmögenden Sohn als Kamerad spielen und dabei dessen Diener sein? Anton findet Vergnügen daran, im Garten mit einer Schubkarre herumzufahren. Damit aus diesem nutzlosen Fahren kein Dahinfahren in Sünde wird – Vergnügen darf sich ja niemals um des Vergnügens willen einstellen –, bildet er sich ein, das Jesusknäblein darin zu transportieren. Das Fahren gehorcht alsbald einem Regelwerk, der Schubkarren darf zum Beispiel nicht einfach stehengelassen werden. Wenn Anton müde wird und keine Lust mehr hat, verabschiedet er sich mit der größten Ehrerbietung von Jesus und entschuldigt sich, dass er ihm nicht länger zu Diensten sein könne.

In diese unschuldigen Obsessionen mischen sich auch aggressive Spiele, zum Beispiel, wenn das Kind Papphäuschen verbrennt und dann mit »mit feierlichem Ernst und Wehmut den zurückgebliebenen Aschenhaufen betrachten konnte« [AR, S. 105]. Brennt in der Wirklichkeit ein Haus ab, so empfindet Anton eine jähe, lodernde, triebschüssige Freude, und eine dunkle Ahnung entsteht in seinem Gemüt, große Veränderungen möchten bevorstehen, Revolutionen und Gewalt, die ihn aus seinem einförmigen Leben reißen werden.

Anton ist im Haushalt des Herrn von Fleischbein kein allzu langer Aufenthalt vergönnt. Er muss zurück ins Elternhaus und findet sich aufs Neue »in seiner vorigen gehässigen Lage, wodurch seine Seele ebenfalls finster und menschenfeindlich gemacht wurde« [AR, S. 107].

Herabgewürdigt und dadurch menschenscheu geworden, misstrauisch und schwermütig obendrein, aber hochfahrend seiner inneren Verfassung nach – vergessen wir nicht, er redet mit Gott oder setzt sich gar an dessen Stelle – voilà, da ist er, der in wenigen Jahren auserzogene Melancholiker, der zwischen Gut und Böse wie zwischen elektrisch geladenen Polen zittert und kein rechtes Maß findet; der unter Grübelzwang leidet und doch zwischen eingebildeter und realer Schuld nicht recht zu unterscheiden weiß und deshalb seinen immerfort wachsenden Seelenballast niemals abwerfen kann. Süßigkeit des Unrechtleidens! Der kleine Anton hat entdeckt, wie man es auskosten kann, als Einziger in der Welt betrogen worden zu sein, und der große Anton wird sich von diesem fatalen Hang nimmermehr losmachen können.

Überlassen wir Reiser an dieser Stelle seiner abscheulichen Familie, aber nicht ohne einen Blick auf die Wirkungen zu werfen, die dieser einzigartige Lebensabriss bei Schriftstellern gehabt hat.

Friedrich Schiller achtete den Autor, er achtete dessen Gabe der Introspektion, die er in psychologisch so raffiniertem Sinn selbst nicht besaß: »Moritz hat viel Tiefe des Geists und Tiefe der Empfindung, er arbeitet stark in sich, wie schon sein Reiser beweist, der einen Menschen voraussetzt, der sich gut zu ergründen weiß.« [*Schillers Werke. Nationalausgabe*, Bd. 25: *Schillers Briefe (1. 1. 1788 – 28. 2. 1790)*, hrsg. von Eberhard Haufe, Weimar 1979, S. 155.]

Johann Wolfgang Goethe sprach gar davon, Moritz sei für ihn »wie ein jüngerer Bruder [...], nur da vom Schicksal verwahrlost und beschädigt, wo ich begünstigt und vorgezogen bin.« [*Goethes Werke* (Weimarer Ausgabe), Abt. VI, Bd. 8, S. 94.]

Aufschlussreich ist die leicht von Ekel durchzogene Abwehr Ernst Jüngers. Anders als Moritz leitete ihn bei seinen Eigenerkundungen »das bestimmte Gefühl, einem im Grunde fremden und rätselhaften Wesen nachzuspüren, und dies bewahrt vor jener pöbelhaften Eigenwärme, jener Stickluft der inneren Wohn- und Schlafzimmer, die mir am ›Anton Reiser‹ unangenehm ist. Es verleiht dem Zugriff eine größere Sauberkeit, wie der Gummihandschuh den Fingern des Operateurs.«. [Ernst Jünger, *Das abenteuerliche Herz. Erste Fassung. Aufzeichnungen bei Tag und Nacht*, Stuttgart 1987, S. 13.]

Für Peter Handke wiederum war die Lektüre von hoher Bedeutung: »Wann ist man im richtigen Alter, ihn zu lesen? Für die meisten ist zu fürchten, daß sie ihn entweder zu früh in die Hand nehmen, oder zu spät. So ging es bei meinen zwei Malen jedenfalls mir. Recht so? Ich hätte sonst nicht weiter zu schreiben gewagt, so durchschaut hat mich Moritz in sich.« [Peter Handke, »Der Selbstmaßregler. Zum 200. Todestag von Karl Philip Moritz«, in: *taz*, 26. 6. 1993.]

Dass sich Sigmund Freud näher mit ihm beschäftigt hätte, ist mir nicht bekannt.

Aber von Gottfried Keller, auf den wir noch zu sprechen kommen werden, wurde er als Kronzeuge aufgeführt. Vom *Anton Reiser* behauptete Keller, er habe ihm den Weg zu seinem *Grünen Heinrich* gewiesen.

***

Während Moritz keineswegs das Werden eines bedeutenden Mannes erzählt, so ist das bei Goethe anders. Bedeutend ist Anton allenfalls durch seine Einsamkeit, deren Ausleuchtung auf Leser dahingehend wirken soll, die ihnen anvertrauten Kinder besser zu behandeln. Bedeutend ist bei Goethe alles. Der Unterschied springt sofort ins Auge, allein, wenn man die beiden Sätze vergleicht, in denen von den kindlichen Protagonisten zum ersten Mal die Rede ist.

Anton ist nicht identisch mit Karl Philipp, er wird erst auf der dritten Seite eingeführt, nachdem der Leser zuvor das Hauswesen des Herrn von Fleischbein und die Madame Guyon kennengelernt hat: »Zu seinem Hause geschahen Wallfahrten von allen Seiten, und unter denen, die jährlich, wenigstens einmal, dieses Haus besuchten, war auch *Antons* Vater.« [AR, S. 89.] Zuerst der Herr von F., dann die Madame Guyon, dann Anton, aber noch gar nicht als er selbst, sondern indirekt durch den Vater. Und über allem und allen schwebt Karl Philipp Moritz, der seine Figuren an der Leine führt. Anton spricht nicht für sich selbst.

Johann Wolfgang hingegen ist auf einen Streich da, im ersten Satz: »Am 28. August 1749, Mittags mit dem Glockenschlage zwölf, kam ich in *Frankfurt am Main* auf die Welt.« [Johann Wolfgang Goethe, *Sämtliche Werke*, Bd. 14: *Aus meinem Leben. Dichtung und Wahrheit*, herausgegeben von Klaus-Detlev Müller, Frankfurt a. M. 1986, S. 15.] Alles Wichtige ist gleich da: der Held, sein strahlendes Ich, die Stadt, in der er geboren wurde.

Johann Wolfgang von Goethe fackelte nicht lang mit seiner Wichtigkeit. Er war wichtig, und er wusste es. Wir kennen in Deutschland keinen anderen Schriftsteller, der über so viele Talente gleichzeitig verfügte und diese Talente in so ausgewogener Weise innerhalb einer langen Lebensspanne zu seinem Glück ausschöpfen konnte. Wobei dieses Glücksschöpfen bei Goethe niemals erzwungen wirkt. Ihm gelang die Verwandlung von Schwerem in Leichtes, von Obstaculärem in Geschmeidiges durch hohe Intelligenz gepaart mit der subtilen Fähigkeit, Aktivität und Passivität in der Balance zu halten. Ein Schimmer vom feinen Lächeln des Buddha schwebt über seinem Glück. Auch wenn wir uns in der weiten Welt umschauen, werden wir wohl nicht so rasch einen bedeutenden Dichter finden, der darin Johann Wolfgang von Goethe ähnelt.

Natur, Verstand, Kunst, Pflicht, Sitte, Tradition, Genuss, Staat, Recht, Eros – von ihnen gehen widerstreitende Ansprüche und Befehle an das Leben aus, worin sich ein Mensch leicht verfangen und dabei untergehen kann. Goethe schaffte es, diesen gestaltenden Lebenskräften in ihrer jeweils eigenen Sphäre frei und ungezwungen zu begegnen, ohne ihre Geltung in Frage zu stellen (oder, wo es keine Freiheit mehr gibt, im Falle von schwerer Krankheit und Tod, ihnen konsequent aus dem Weg zu gehen).

Als er *Dichtung und Wahrheit* schrieb, war er längst zu einer exemplarischen Großfigur herangereift und wusste genau, was das Publikum von ihm erwartete. Er wusste auch, dass jeder seiner Lebensschnipsel bewahrt und späteren Generationen zur Begutachtung vorgelegt werden würde. Seine Schriften handeln zwar weniger vom Geschichtsgroßen als die Werke Schillers, und er wählte seine Worte zarter, dafür zirkulieren sie freier im Gesamt von Natur, Gesellschaft, der Kunst, der Wissenschaft und der sinnlichen Anschauung. Er war ein poetisches Chamäleon, das sich allen Phänomenen zuwandte, die in seiner Umgebung irgend die Aufmerksamkeit erregten. Nicht umsonst wurde von ihm immer wieder gesagt, er habe alle Fragen gestellt, die zu seiner Zeit hätten gestellt werden können und auch noch versucht, sie zu beantworten. Naturgemäß war er sich selbst in der Rückschau bedeutend.

Goethe beschäftigte sich intensiv, über mehrere Jahre hinweg mit seiner Autobiografie. Er forderte sogar Freunde und Bekannte auf, seinem Gedächtnis aufzuhelfen und ihm diesbezüglich Mitteilung zu machen. Der Druck erfolgte in den Jahren 1811 bis 1817, wobei der vierte und letzte Teil in veränderter Form, aber ohne eigentliche Schlussredaktion, 1831 gedruckt wurde.

In *Dichtung und Wahrheit* schaut also ein bedeutender Mann bedeutsam auf sich selbst zurück. Und natürlich beginnt das Ganze mit seiner Geburt. Es kann da nicht ausbleiben, dass die Sterne in vielsagenden Verhältnissen zueinander stehen. Die Sonne befindet sich günstig im Zeichen der Jungfrau und schenkt dem Kind das große schauende Auge. Jupiter, der garantiert, dass die Söhne nicht mehr von ihren Vätern gefressen werden, und Venus, die Gebieterin der Schönheit und des Eros, blickten freundlich die Sonne an. Merkur widersetzt sich nicht. Der gefährliche Mars und der Verderben bringende Saturn verhalten sich gleichgültig. Nur der volle Mond, die zwielichtig milde Gegenkraft, eingetreten in ihre Planetenstunde, verzögert ein wenig die Geburt und rundet sie damit aufs Glücklichste ab. Die versammelte energetische Kraft des Himmels wirkt mit, damit das Knäblein so und nicht anders zur Welt kommt.

Goethe leistet in dieser Schilderung so ganz nebenbei das eigentlich Unmögliche: die Szene nicht in Ironie zu ertränken und damit auf der Klaviatur der Vertauschung von Groß und Klein zu spielen, sondern sie allenfalls in einen zarten Ironieschaum zu hüllen, sie aber auch nicht allzu pompös aufzuladen, als wäre der Erlöser geboren, womit er den Text zumindest für heutige Leser ad absurdum geführt hätte. Das Gegenteil ist der Fall. Der Tonfall ist unangestrengt, geradezu lässig, aber das Ereignis dennoch für uns alle – ja, was soll man anderes sagen als eben: bedeutend. Die Leser sind eingeladen, heiteren Beifall zu dieser wundersamen Geburt zu spenden, die sich unter den gesprächigen Auspizien des alt gewordenen Autors vollzieht.

Aber halt. Ganz so glatt in die Sonne gerutscht ist das Knäblein nicht. Es kommt durch einen Fehler der Hebamme wie tot heraus und muss zum Leben erst erweckt werden. Genügend Verzögerung also, damit sich das Publikum mit Schrecken fragen kann, was wäre, wenn der Kleine tot geboren worden wäre und wir auf den großen Mann hätten verzichten müssen? ... Um dann geruhsam im Weiterrollen des glanzvollen Lebens sich einzulesen.

Opulent, aber nicht geschwätzig kommen diese Aufzeichnungen daher, durchaus der Wahrheit verpflichtet, aber alles meidend, was eine nachhaltige Schrumpfung der Person im Kopf des Lesers bewirken könnte. Goethe war bestrebt, das Grundwahre auszudrücken, das in seinem Leben obgewaltet hat, wie er am 15. Februar 1830 in einem Brief an Karl Friedrich Zelter bekannte [vgl. ebd., S. 1035]. Doch, wie der Titel angibt, dieses Grundwahre ist dichterisch verwoben oder eigentlich durch das Dichterische erst recht zum Vorschein gebracht, weil sich darin Erinnerung und Erkenntnis und zuweilen auch Bekenntnis verbünden, und zwar in einer schönen Form, wodurch das dargestellte Leben auf eine Bühne gehoben wird und von dort gelenkiger, graziöser, sinnerfüllter strahlt, als es in dürren Tagebuchnotaten der Fall wäre.

Keineswegs gebärdet sich die Erzählung naiv. Sie sieht mit den Augen eines Erwachsenen auf ein Kind und bespöttelt es zuweilen dezent, wenn auch mit Sympathie. Nicht die einbildungsbewimmelten Augen des Kindes schauen in die Welt, sondern das erfahrene Auge des erwachsenen Goethe schaut, indem er sich hinter es stellt, in dieselbe Richtung wie das Kind. In den *Tag- und Jahresheften* von 1811 notierte Goethe: »Ich hatte die Entwicklung eines bedeutend gewordenen Kindes, wie sie sich unter gegebenen Umständen hervorgetan, aber doch wie sie im allgemeinen dem Menschenkenner und dessen Einsichten gemäß wäre, darzustellen.« [Ebd., S. 1050.] Geschichtliche Vorkommnisse, die in die Welt des Kindes eingreifen, gelangen dabei ebenfalls zur Darstellung, ja, es ist geradezu das Geschick Goethes, das kindliche Individuum aus dem Zeitstoff herausblühen zu lassen.

Zwar wird in *Dichtung und Wahrheit* alles, was sich in der Stadt Frankfurt, also in den Kinder- und Jugendjahren, zugetragen hat, mit bemerkenswerter Detailschärfe ans Licht gehoben, aber man sucht vergebens nach exaltierten Stimmungen, sei es des Leidens, sei es der überschäumenden Freude. Dazu passt, was Goethe im selben Brief an Zelter über das süße Vergessen und das Gleichförmigwerden des Erlebten im Strom der Erinnerungen geäußert hat: »Man bedenke, daß mit jedem Atemzug ein ätherischer Lethestrom unser ganzes Wesen durchdringt, so daß wir uns der Freuden nur mäßig, der Leiden kaum erinnern. Diese hohe Gottesgabe habe ich von jeher zu schätzen, zu nützen und zu steigern gewußt. Wenn also von Schlägen und Püffen die Rede ist, womit uns das Schicksal, womit uns Liebchen, Freunde, Gegner geprüft haben, so ist das Andenken derselben, bei'm resoluten guten Menschen, längst hinweggehaucht.« [Ebd., S. 1036.]

Schmerzliches taucht in dieser Rückschau kaum auf. In der Szene, da der kleine Bub, erst weil's so schön scheppert, dann angespornt von Nachbarsleuten, mit Feuereifer sein Kindergeschirr und hernach das richtige zum Fenster hinaus auf die Straße wirft, ist von einer nachmaligen Strafe oder schlechtem Gewissen nicht die Rede. Im Gegenteil. Von den zerbrochenen Töpfen und Tellern bleibt nichts als eine lustige Geschichte, die alle Beteiligten bis an ihr Lebensende ergötzt. Sigmund Freud hat ihr einen Essay gewidmet, überschrieben mit *Eine Kindheitserinnerung aus ›Dichtung und Wahrheit‹*. Darin vergleicht er die Anekdote mit Erzählungen von Patienten, bei denen der Drang, etwas zum Fenster hinauszuwerfen, in Verbindung mit aggressiven Bestrebungen stand, heranrückende Geschwister und somit Rivalen aus der Familie zu entfernen.

Sogar die übliche Praxis der Lehrer, ihre Schüler mit Tatzen zu bestrafen, worüber sich ein ganzes Gebirge von Schmerzens- und Empörungsliteratur wölbt, ruft sich der alte Goethe eher heiter ins Gedächtnis zurück, und zwar im oben bereits erwähnten Brief an Zelter: »[D]och will ich mir dir zu Liebe erinnern: daß unser Schulmeister ein schwankes Lineal, als ein sonst nicht unbrauchbares Majestätszeichen, zu führen pflegte, hiemit gab es zu Zeiten strafende und aufmunternde Klapse. […] [D]ie zu Strafenden waren […] genötigt ein Pfötchen hinzuhalten und mehr oder weniger stärkere und wiederholte Klapse auszudauern. Dies gab Gelegenheit die Hand wie Mucius Scävola kühn auszustrecken und mit unverwandtem Gesicht einen Märtyrerkranz zu erwerben.« [Ebd., S. 1036 f.]

Dass der Umgang mit dem ungeselligen, lehrhaften und wohl auch zu Pedanterie neigenden Vater für den Knaben, wie auch für die ganze Familie, bisweilen etwas schwierig war, erfährt man zwar, aber es wird nicht an die große Glocke gehängt. Die väterliche Instanz bildet keine anhaltende Störquelle für den Sohn. Ihr Verstörungs- und Verärgerungspotenzial bleibt gering. Der Vater mag in der Wirklichkeit eine höher zu nehmende Hürde für den Sohn gebildet haben, in *Dichtung und Wahrheit* ist sie eine leichte. Die Mutter wird als eine kluge, lebenspraktische, gewitzte Frau geschildert; ihre Schattenseiten bleiben dem Leser unbekannt. Auch da darf man mutmaßen, dass es sich ein wenig komplizierter verhielt. Nachdem er sich als Student von zu Hause verabschiedet hatte, begann Goethe Frankfurt zu meiden, wie er auch später seine verwitwete Mutter gemieden hat.

Was aber wohl der Wahrheit ziemlich nahe kommt, ist der Eindruck, dass in Goethes Kindertagen die gesamte Familie um diesen erstgeborenen Knaben zirkulierte, sein Wohl und Wehe alle anging, seine hübschen Löckchen, sein neugierig heiteres Wesen, seine rasche Auffassungsgabe entzückten. Dies um so mehr, als zwei kleine Brüder und Schwestern starben und er als einziger Sohn erhalten blieb, wobei sich die ebenfalls überlebende Schwester Cornelia allmählich in die karge Rolle der Beifallspenderin schicken musste. Ihr kam die Aufgabe zu, im Verein mit der Mutter das gloriose Heranwachsen des Bruders zu behüten, zu loben, zu bestaunen. Vier Kinder starben, eines vertrocknete und wuchs zu einer reizlos tugendhaften Frau heran, aber das eine, auf das es ankam, der Goldsohn, er gedieh prachtvoll und übertraf, was er in der Wiege zu werden versprochen hatte.

Alles Mögliche wird Bruder und Schwester vom Vater beigebracht – Schreiben, Lesen, mit Zirkel und Lineal umgehen, Bibelkunde (was auch hieß, in einer großen Folio-Bibel mit Kupfern von Merian blättern), Stiche von Rom und Ölbilder genau betrachten und beschreiben, naturkundliche Sammlungen studieren, verschiedene

Sprachen erlernen, darunter mit Hilfe auswärtiger Lehrer auch Italienisch, Englisch, Latein und Hebräisch. Der Unterschied zu einer heutigen Kindheit könnte größer kaum sein. Vater Goethe nimmt seine Kinder als kleine Erwachsene her und breitet vor ihnen die Gegenstände seines Wissens aus, die ihn selbst leidenschaftlich interessieren. Kein kindgerechtes Mümmeln und Pädagogisieren ist hier am Werk, sondern eine lebhafte geistige Spannkraft, die von Groß zu Klein reicht.

Dem Knaben gehen die ersten Reimereien bald flott von den Lippen, wie er überhaupt für alles Sprachliche eine außerordentliche Begabung zeigt. Die Kinder sind vom Puppenspiel fasziniert, Johann Wolfgang schreibt seine ersten Bühnentexte dafür; mit ihren jähen dramatischen Ausbrüchen erschrecken die Kinder den Barbier des Vaters. Wie Schiller versucht sich auch Goethe als kleiner Prediger, und ebenso wie Anton Reiser haben es ihm die biblischen Altväter angetan, allerdings auf eine ungleich weniger drohende Weise. Er will sich an ein klopstockgroßes biblisch-prosaisches Schwellgedicht machen, Palästina und den ägyptischen Verhältnissen gewidmet, das aber auf langer, allzu langer Strecke verkümmert. Dem jungen Forscher leuchtet die einheitsstiftende Kraft des Alten Testaments ein, zumindest für die morgenländischen Gegenden.

Er sucht auch einen direkten Weg zu Gott, den er sich stärker in Verbindung mit der Natur, näher den Pflanzen und Tieren, also götzenhafter vorstellt, als es die beiden Testamente erlauben. Auf einem alten rotlackierten Musikpult in Form einer Pyramide baut er einen Altar mit Stücken seiner Naturaliensammlung auf und betätigt sich als Schamane. »Naturprodukte sollten die Welt im Gleichnis vorstellen, über diesen sollte eine Flamme brennen und das zu seinem Schöpfer sich aufsehnende Gemüt des Menschen bedeuten.« [Ebd., S. 51.] Räucherkerzen müssen glimmen und einen angenehmen Geruch verbreiten; der Knabe nimmt die Natur zur Hilfe und überlässt das Anzünden der Sonne, wofür er ein Brennglas braucht. Das Manöver gelingt. Aber »die Andacht war so groß, daß der Priester nicht merkte, welchen Schaden sein Opfer anrichtete, als bis ihm nicht mehr abzuhelfen war. Die Kerzen hatten sich nämlich in den roten Lack und die schönen goldenen Blumen auf eine schmähliche Weise eingebrannt, und gleich als wäre ein böser Geist verschwunden, ihre schwarzen schmählichen Fußtapfen zurückgelassen. [...] Hierüber kam der junge Priester in die äußerste Verlegenheit [...], der Mut zu neuen Opfern war ihm vergangen, und fast möchte man diesen Zufall als eine Andeutung und Warnung betrachten, wie gefährlich es überhaupt sei, sich Gott auf dergleichen Wegen nähern zu wollen.« [Ebd.]

Das Kind gab sich jedoch nicht vornehmlich dem exklusiven und gefährlichen Umgang mit Gott hin. Es war gesellig und liebte es, für seine Kameraden Märchen zu erfinden. Ein solches Musterstück in Form eines literarisch ausgeschmückten Traums, das »Knabenmärchen« mit dem Titel *Der neue Paris*, ist im ersten Teil des Buches abgedruckt. Der Knabe träumt zu Pfingsten, er stehe in einem hübschen neuen Anzug vor dem Spiegel; eine goldene Weste trägt er – und die ist gar aus des Vaters Bräutigamsweste geschnitten. Merkur tritt zu den Anproben vor dem Spiegel hinzu und erteilt ihm einen göttlichen Auftrag in Form von drei Äpfeln. Er soll sie drei schönen Leuten in der Stadt geben, damit sie herrliche Gattinnen finden. Die Äpfel werden gläsern und verwandeln sich sogleich in hübsche Frauenzimmerchen in Puppengröße. Sie gleiten sacht an seinen Fingern hinauf und schweben in die Ferne. Und anstelle der drei Frauenzimmerchen erscheint plötzlich ein munteres Mädchen, ein allerliebstes, das auf seinen Fingern herumtanzt. Als er sie fangen will, spürt er einen Schlag auf den Kopf, dass er betäubt niederfällt.

Nachmittags, nach dem obligaten Kirchgang, führt ihn der Traumweg an eine schlimme Mauer, und er hält die Finger in die Höhe, in der Hoffnung, das muntere Geschöpf würde wiederkehren und darauf herumhüpfen. Ein Pförtchen gilt es zu durchqueren, was sich unschwer als Geschlechtspförtchen zu erkennen gibt, und dahinter zeigt sich ein weiser alter Mann mit Bart. Auf die Frage, was der junge Herr hier wolle, antwortet er, er bewundere die Pforte, »denn ich habe dergleichen noch niemals gesehen; es müßte denn sein auf kleinen Stücken in den Kunstsammlungen der Liebhaber«. [Ebd., S. 61.] Der Alte behauptet, inwendig sei sie noch viel schöner, er möge doch bitte eintreten. Leise, leise schnappt das Törchen zu, dass man es kaum hört. Ein Märchengarten, durchschwirrt von Vögeln, öffnet sich, und die Stare schwatzen närrisches Zeug wie Paris, Paris und Narciss, Narciss.

Hier sind viele Ingredienzien beisammen, die auf das Wunder der Dichtung verweisen (es begibt sich zu Pfingsten, zur Zeit der Ausgießung des Heiligen Geistes). Ein Götterkind steigt im Rokokokostüm, angetan mit einem silbernen Degen, zu den Quellen der antiken Mythologie hinab und wiederholt die Wahl des Paris in verwandelter Form, indem er sich eine muntere Fingerspitzen-Helena erwählt. Es ist ein Märchen, das tief in die Sorgen und Hoffnungen der Knabenwelt führt und sinnbildhaft die gefahrvollen Rätsel der körperlichen Liebe enthüllt, wobei der Knabe eben kein gewöhnlicher, sondern ein Götterknabe ist. Sein Märchengarten verschränkt sich mit dem Kinderzimmer, worin er und seine Helena mit Zinnsoldaten Amazonenkriege nachstellen. Zwar wird der Garten am Ende wieder hinter dem Knaben verschlossen, aber er kommt straflos und um eine wesentliche Erfahrung reicher davon.

Dass keines der Lebensalter abgeschnitten ist, ja, dass sogar die dichterischen Erfahrungen aus jüngsten und älteren Jahren sich durchdringen und ergänzen können, dafür liefert Goethe ein sublimes Beispiel. Ihm gelang es, solche Erfahrungen zu synthetisieren, die dichterische Neugier mit der erotischen Neugier zu verschwistern, und so fügt es sich wunderbar, dass der Helena-Stoff, den das »Knabenmärchen« zum ersten Mal aufgreift, später in den vielfachen Faust-Bearbeitungen wieder zum Vorschein kommt.

Verlassen sei an dieser Stelle das opulente, sich um Dreiheit und Einheit schlingende Initiations-Märchen des Johann Wolfgang Goethe.

***

Über die Goethe-Brücke gelangen wir zu den Geschwistern Brentano, denn Bettine und Clemens von Brentano waren vom Meister aller Klassen heftig angezogen und traten in seinen Kreis, die Schwester ungleich stärker als der Bruder. Hier kommen wir zu einem anderen Kindheitsmuster, und zwar einem erregten: dem romantischen.

Will man von diesem hochbegabten Ausnahmeduo sprechen, muss man die Familien erwähnen, dem es entsprungen ist, denn hier vermählt sich ein dynamisches Frankfurter Handelshaus mit einer literarisch kultivierten Familie, ferner das Italienische mit dem Deutschen, das Katholische mit dem Evangelischen – und ergibt das Chaos einer vermögenden Familie, dessen Vater in drei Ehen zwanzig Kinder gezeugt hat, wobei der mittleren Ehe die meisten Kinder entsprungen sind, unter anderen die Geschwister Clemens und Bettine.

Die Mutter der Geschwister war Maximiliane von La Roche, eine Tochter der berühmten Schriftstellerin Sophie von La Roche. Maximiliane, genannt Maxe – das zierliche Persönchen mit den lebhaften dunklen Augen war ein Jugendschwarm Goethes, der sich höchlich wunderte, als sie an einen alten Handelsknacker verheiratet wurde, denn Peter Anton Brentano stand in seinem vierzigsten Jahr, als er die achtzehnjährige Maximiliane ehelichte. Kurzum: Es gab bereits über Mutter und Großmutter, nicht zu vergessen über die Stadt Frankfurt, eine Verbindung zu Goethe. Hintereinander brachte die junge Frau zwölf Kinder zur Welt, um sich ebenfalls noch jung, 1793, mit siebenunddreißig Jahren, aufs Totenbett zu legen. Der 1778 geborene Clemens war ihr drittes Kind, die 1785 geborene Bettine das siebte. Beim Tod der Mutter war er fünfzehn, sie acht Jahre alt.

Das Kindergewimmel muss man sich recht drastisch vorstellen, denn die junge Maximiliane übernahm, noch bevor ihre eigenen Kinder zur Welt kamen, bereits fünf ältere Kinder aus der ersten Ehe ihres Mannes. Bald gab es in dem großen Handelshaus ›Zum goldenen Knopf‹ keinen Platz mehr für die raschwüchsige Schar, was zur Folge hatte, dass die Kinder schon in jungen Jahren zur Erziehung außer Haus gegeben wurden. Für den kleinen Clemens begann seine unglückliche Erziehungsodyssee mit sechs Jahren.

Was uns heute brutal vorkommt, war damals nicht groß der Rede wert. Mit Kindern wurde ohne viel Federlesens verfahren. Leicht vorstellbar, dass die jähen Gemütsumschwünge des erwachsenen Clemens von Brentano, sein durch und durch unglückliches, zu Katastrophen neigendes, ja, Katastrophen regelrecht herbeiführendes Temperament, mit der jähen Verstoßung durch seine Familie in Kindertagen zu tun hat. Er kam zunächst bei einer Tante unter, deren Mann Alkoholiker war und sie aufs Gröbste misshandelte, danach in verschiedenen Erziehungsanstalten. Die ihm früh entrissene und dann verstorbene Mutter schwebte als Idealgestalt in seiner Phantasie. Später erwartete er von seinen Frauen zwanghaft, dass sie diesem Ideal entsprächen. Er war bestrebt, sich die entschwundene Mutter wiederzuverschaffen, und es gelang (recht und schlecht, wie so etwas gelingen kann) in Gestalt der Geliebten und nachmaligen Ehefrau Sophie Mereau, die der Mutter mit ihrer Zierlichkeit und den ausdrucksvollen dunklen Augen ähnelte. Außerdem war sie – mutterhaft – älter als er.

Wenn ein Elternteil über alle Maßen verklärt wird, so verbergen sich dahinter auch höchst aggressive Anteile, welche von der starken Idealbildung verdeckt werden. Clemens von Brentano wuchs zu einem jungen Mann heran, der die Frauen hasste und ihnen misstraute, sie aber zugleich über alle Maßen verehrte, und zwar mit einem Enthusiasmus, der den Angeschwärmten oft Angst einjagte, weil sie die destruktive Kraft dahinter witterten.

Ich bitte um Verzeihung, wenn hier allzu vulgär Psychologie getrieben wird. Man berührt das Entscheidende nicht, wenn man in Clemens von Brentano das Extrembeispiel eines gewöhnlichen Mannes sieht, dessen innere Zerworfenheit zu einer radikalen Verkennung der Realität führte. Seine Unfähigkeit zu pfleglicher Kompromissbildung ist bekannt. Sie zeigte sich besonders in Bezug auf Frauen, in die er sich vernarrte. Alles wahr. Aber wir sprechen hier von einem Dichter, dem man das Wort Genie getrost zusprechen darf. Ein Dichter, der hohe Unglückswellen um sich her auftummelte, um seine Poesie von allen Ansprüchen der Gesellschaft, auch den banalen des täglichen Lebens, freizuhalten. Er besaß einen vollkommen reinen lyrischen Ton, verfügte über eine direkt mit den Pulsen des Herzens sich verbindende Rhythmik. Brentano war niemals ein Mann der Reflexion, seine Gedichte und auch seine Prosa machen den Leser nicht klüger, aber hinreißend sind die aus seiner Poesie evaporierenden Atmosphären, sind die in Schönheit geborgenen Empfindungen von schwerem Leid. Sein Raffinement erwuchs aus der Intuition und nicht aus der Schule des Nachdenkens. Stünde der Name des Verfassers nicht darüber, käme man bei einigen Gedichten nicht auf die Idee, dass sie aus dem neunzehnten Jahrhundert stammen. Seine aus den Quellen der Volksdichtung schöpfende Lyrik, in denen sich wiegenliedhaftes Gemurmel hören lässt, war tollkühner Sprünge fähig. Wenn also hier von einem anstrengenden Charakter die Rede ist, so immer mit heißer Zuneigung. Noch bis in das kleinste exzentrische Emmerick-Notätchen, das während seines späten katholischen Wallens und Siedens entstand, habe ich seine Schriften genossen, und an dieser Leseliebe wird sich wohl nichts mehr ändern. Manch einem Gedicht merkt man übrigens die seelische Zerrissenheit an, aber niemals gibt sich darin Anstrengung zu erkennen.

Seine jüngeren Geschwister bekam Clemens jahrelang nicht mehr zu Gesicht, deshalb erschien er der inzwischen zu einem jungen Mädchen herangewachsenen Bettine bei der ersten Begegnung als ein Fremder. Bettines Kinderjahre dürften weniger traumatisch, im Ganzen etwas ruhiger verlaufen sein. Das junge Mädchen war jedoch in eine scharfe geschwisterliche Konkurrenz gespannt. Zwei ausgeschnitzte, in Frankfurt weithin berühmte Schönheiten wuchsen in Gestalt ihrer Schwestern Meline und Lulu neben ihr heran.

Sobald sich Bettine und Clemens wiederbegegnen, entspinnt sich zwischen ihnen ein enges Verhältnis mit – zumindest von Seiten des Bruders – inzestuösen Untertönen. Clemens wird mittels eines regen Briefverkehrs zum Lehrer und Ratgeber der jungen Bettine, und er nimmt diese Rolle freundlich zwar, aber auch wie ein Erzwinger ein, denn er will die Schwester nach seinem Ideal einer Frau formen. Obwohl beide längst dem Kinderalter entwachsen sind, schwelgen sie in Kindheitserinnerungen und blasen alles Kindliche zu einer gigantischen Chimäre auf. Die Schwester sieht sich selbst als *genie enfant*, der Bruder sich als ebensolches. Niemals wollen diese Endloskinder erwachsen werden. Kreativität kommt für beide im Gewand kindlicher Naivität daher. Das forcierte Kindbleiben ist ästhetisches Programm, welches verbürgt, dass die Quelle alles Schöpferischen sprudelt und der Phantasieüberschwang energetisch erhalten bleibt. Das Programm ist dem Augenblick verfallen und scheucht die Reflexion weg vom sich selbst illuminierenden Ich, das nichts wissen will von Resignation und schleichender Zermürbung. Wobei die leidenschaftliche Beschreibung der reizbaren Seele natürlich nicht ganz ohne Reflexion auskommt, aber sie bleibt poetisch, wird aus dem Moment heraus in nervös zirkulierenden Briefen immer wieder neu und immer wieder anders fixiert. Was die Welt verlangt – Objektivierung –, wird in kindlichen Kraftakten zurückgewiesen und dadurch das Leben der Unmöglichkeit ausgeliefert, es verträglich zu leben. Wobei Clemens darin viel weiter ging als Bettine. Seine asoziale Ich-Schwelgerei gemahnt an eine seltsame Ich-Askese, die dem radikalen Zweck diente, die Seele in Gedichten zu zerlösen.

Im Namen kindlicher Ungezwungenheit sind auch Übertretungen der bürgerlichen Konvention erlaubt, ja, gewünscht. Bettine reift als unschuldiges Naturgenie heran, vom Bruder in dieser Selbstsicht unablässig bestärkt, wobei er allerdings ihren Mutwillen, das Bocken, ihre spontanen Provokationen mitunter tadelt, da unziemliches Betragen eher einem Mann gebühre als einer Frau.

Bettine tut alles, um als kindlicher Wildfang zu erscheinen. Sie tut es noch im heiratsfähigen Alter und um einiges darüber hinaus. Clemens ermuntert sie, ihre frühen Erlebnisse aufzuschreiben, und sie kommt seiner Aufforderung nach, wobei sich rasch zeigt, dass auch die kleine Schwester eine echte schriftstellerische Begabung besitzt, eine zwitschrig-muntere Art des Briefeschreibens mit heiteren Tumulten und locker gesponnenen Erzählfäden.

Und so kommt das ›Haus zum Goldenen Knopf‹ in seinen verschiedenen Stuben und Winkeln zu Ehren, die Kontore im Erdgeschoss mit ihrem unaufhörlichen Zustrom und Abfluss an Waren – Kaffee, Tee, Gewürzen, Schokoladen –, der Dachboden mit allerhand aufregendem Gerümpel, Schiffsmodellen, Fässern, staubigen Brautkleidern; der Dachboden, den Clemens als sein Ländchen Vadutz später aus melancholischer Schwebe hervorzaubert; und nicht zuletzt das Mädchenzimmer Bettines, das von ihrer Freundin Karoline von Günderrode als künstlerisches Geniechaos erlebt wird, worin vom Kanarienvogel zerfledderte Bücher herumliegen, eine Flöte im Pflanzkübel steckt und das blaue, romantische Band einer Gitarre zum Fenster hinausflattert. All dies, und vieles, vieles mehr, teilt Bettine ihrem Bruder in Briefen mit.

Unter dem Dach saß der kleine Clemens in seinem Ländchen Vadutz inmitten von Wachsfigürchen und alten Seidenblumen, bevor er mit sechs Jahren für immer daraus vertrieben wurde. »Die Prozession der geistlichen Wachspüppchen war so delikat und zerbrechlich, daß ich sie kaum anzuschauen wagte; wäre sie von buntem Zuckerwerke gewesen, so wäre sie vielleicht Gefahr gelaufen, durch meinen

Geschmack zu erbleichen, aber in ihrer jetzigen Beschaffenheit stand sie unter den Kanonen des Kriegsschiffes sicher vor mir. – Jene biegsamen, unzerbrechlichen Zaubergärten von Seidendrahtblümchen aber, welche ich höchstens ein wenig zerbog, legte ich um mich her, und saß dazwischen, die drei Pomeranzen, das grüne Vögelchen, das tanzende Wasser von Gozzi lesend, und glaubte mich selbst einen verschäferten Prinzen, der voll Sehnsucht seine Lämmer in den Tälern dieses Paradieses weidete und nach Erlösung seufzte.« [Aus der »Zueignung« des *Märchens vom Gockel, Hinkel und Gackeleia*, in: Clemens Brentano, *Werke*, hrsg. von Wolfgang Frühwald und Friedhelm Kemp, Bd. 3, München/Wien 1987, S. 621.]

Von seiner Herrschaft über das Ländchen Vadutz bleibt aber bald nicht mehr »als die Reichskleinodien auf den Schultern der Phantasie, die mir wie Links und Rechts bald Friede und Freude gaben, als sei ich glücklich wie Salomo, bald so viel Kummer und Hunger, daß ich den Ugolino beneidete.« [Ebd., S. 626.] Und es ist die Mutter Goethes, die den Knaben darin bestärkt, Vadutz in seiner Phantasie zu bewahren, wo es ihm keiner nehmen kann.

Interessant ist Bettines Erinnerung an den misswachsenen Bruder Peter. Er stammte aus der ersten Ehe des Vaters und war kinderklein geblieben. Peter stirbt an den Folgen eines Treppensturzes, wobei die kleine Bettine mit ihm hinabfällt. »Der Bruder Peter ist gestorben«, schreibt sie, »wie das Kind drei Jahr alt war, von dem weiß es aber noch sehr viel. Er hatte schwarze Augen die ein blendend Feuer von sich strahlten, in die hat das Kind oft sich ganz verloren vor tiefem Hineinschauen. [...] Da wars einmal schon spät, eben wollte die Sonne untergehen, er stand an der Wendeltreppe mit dem Kind; die letzten Sonnenstrahlen leuchteten ihm ins Gesicht, er ward so totenblaß, das Kind klammerte sich fest ihm an, laß los, sagte er kaum hörbar und fiel die Treppe hinunter, das Kind hatte aber sein Kleid festgehalten und war mit heruntergefallen. Da trug man den Peter ins Bett, das Kind sah den liebenden Bruder nicht wieder.«

[Bettine von Arnim, *Werke*, Bd. 1, hrsg. von Walter Schmitz und Sibylle von Steinsdorff, Frankfurt a. M. 1986, S. 86 f.]

Obwohl man nicht recht glauben mag, der Bruder habe noch »laß los« rufen können (wahrscheinlich wurde sein totenblasses Antlitz auch nicht von den letzten Sonnenstrahlen erleuchtet), so ist an der Intensität des Sturzerlebnisses und des Erschreckens über den hernach verschwundenen Bruder schwerlich zu zweifeln. Leicht kann man sich vorstellen, wie das Kind anschließend grübelt und grübelt, ob es sich dafür die Schuld geben muss.

Die vielen Geschwister der beiden berühmten Brentanos wären alle einzeln der Betrachtung wert – zum Beispiel die beiden ältesten Stiefbrüder aus erster Ehe, gediegene Frankfurter Handelsherren, die nach dem Tod des Vaters die Firma weiterführen, wovon einer als Vormund über Bettine gesetzt wird und auch das Erbe von Clemens verwaltet. Die Geschwisterreihe setzt sich zusammen aus völlig unterschiedlichen, stark voneinander abgewandten Charakteren, darunter sind tugendhafte, beständige Naturen wie auch launische, es gibt einen erzfrommen jüngeren Bruder, einen bemerkenswerten Sonderling, an den sich Clemens im Alter anschließt. Gemeinsam sind ihnen die dunklen, intensiv leuchtenden Augen.

Tun wir jetzt einen Sprung – zu einer Publikation der älteren Bettine, mit der sie auf einen Schlag berühmt wurde: *Goethe's Briefwechsel mit einem Kinde*, erschienen nach dem Tod Goethes 1835. Eigentlich gehört dieses Buch gar nicht in diese Abhandlung, denn nichts daran hat mit der wirklichen Kindheit Bettines zu tun, allenfalls in wenigen Passagen mit der Kindheit Goethes. Bettine von Brentano war achtzehn Jahre alt, als sie Goethe zum ersten Mal begegnete, nach damaligen Maßstäben erwachsen und heiratsfähig. Das Buch selbst ist von einer älteren Frau verfasst, denn etliche der darin enthaltenen Briefe sind fingiert oder zumindest verlängert und umgeschrieben. Mit den Kindheitskonstruktionen der Dichter hat es nur insofern zu tun, als es ein krasses Beispiel liefert für das idealisierte Kindheitsschema der Romantik.

Ich mag nicht verhehlen, dass mir dieses Buch unsympathisch ist und ich mich immer wieder zwingen musste, beim Lesen nicht in Galopp zu fallen. Möglichst rasch wollte ich es weglegen. Es ist das Buch eines weiblichen Vampirs, der sich an einem berühmten Mann festsaugt. Bettine krallt sich an Goethe, in aller Kinderunschuld natürlich, es wollen die Briefe ja bloß Briefe sein von einem munter daherlispelnden Kind und nicht von einer Frau. Einen zögernden Blick auf sich selbst, respektive das Schwarmobjekt, wenigstens nachträglich, sucht man vergebens. In der Vorrede wird gewarnt, das Buch sei für die Guten und nicht für die Bösen. Obwohl ich für gewöhnlich gern auf die Seite der Guten trete, in diesem Falle bin ich lieber bei den Bösen.

Bettine hatte in ihren Mädchenjahren – auch auf die Empfehlung ihres Bruders – einige Werke Goethes verschlungen. Im *Wilhelm Meister* fand sie die Figur, die sie nunmehr beschloss, zu sein: Mignon. Man kann es strategisch nennen, wie sie und ihre Schwester Meline die Beziehungen zu Frau Rath Goethe in Frankfurt wiederanknüpfen, um über die Mutter in die Nähe des Dichters zu gelangen. Meline spielt bald keine Rolle mehr. Bettine wird zur Freundin und auch zum Nenntöchterchen der alten Frau. Die beiden Frauen, Seelenverwandte in puncto Spontaneität, vereinigen sich zu einem Schwarmbündnis – Goethe! Goethe! und abermal Goethe! –, was eine bösartig verleugnende Seite hat: Der Mann ist immerhin sechzig Jahre alt, Familienvater und seit langem verheiratet. Christiane von Goethe wird in diesem merkwürdigen Bund nie erwähnt.

Clemens unterstützt Bettines Vorhaben, Goethe nahezukommen, vielleicht weil er für sich selbst Vorteile daraus erhofft. Mignonhaft gestaltet sich das Heranrücken an Goethe. Bettine beschreibt eine Kutschfahrt im Wald – sie ist mit der Schwester Lulu und ihrem Schwager Jordis unterwegs. Die Schwestern reisen in Männerkostümen, Bettine sieht aus wie ein Räuberprinz und erklettert flugs eine Tanne, um von hoher Warte aus den Weg zu erkunden. Die Tanne passt zur Säule, um die ihre Lebenskette sich schlingt. Die Säule ist Goethe. Gerechterweise sei aber erwähnt: Die Beschreibung des Abenteuers, worin sich der Kutscher im tiefdunklen und nur vom Mondschein erhellten Wald verfährt, gelingt hinreißend. Keine Menschenseele kommt des Weges, Riesenschatten fallen auf den breiten Weg, der Mond scheint »in dieses verödete Silberparadies, eine Todtenstille – nur die Räder pfiffen von der Kälte.« [Bettine von Arnim, *Goethe's Briefwechsel mit einem Kinde*, nach dem Text der Erstausgabe hrsg. von Wolfgang Bunzel, München 2008, S. 3.] Bettine wird vom Schwager sogar mit einer Pistole ausgerüstet, um damit herumzuschießen, falls Spitzbuben kommen. Die Szene ist eine hochfliegende Einstimmung auf die erste Begegnung mit dem Meister, und Bettine fragt sich, ob ihr Aufputz und ihr Wagemut, wären sie sich in Jugendjahren begegnet, »nicht einen poetischen Eindruck auf ihn gemacht haben würde, daß er Lieder auf mich gemacht hätte und mich nimmermehr vergessen« [ebd., S. 4].

Die aufgeregte Mignon findet über Wieland endlich Einlass in das berühmte Haus am Frauenplan. Goethe tritt ins Zimmer, »da ging die Thür auf und da stand er feierlich ernst, und sah mich unverwandten Blickes an; ich streckte die Hände nach ihm, glaub ich, – bald wußt' ich nichts mehr, Goethe fing mich rasch auf an sein Herz. Armes Kind, hab' ich Sie erschreckt, das waren die ersten Worte« [ebd., S. 7].

Nach dem ersten Tumult ist Bettine zunächst unglücklich auf ein Sofa gebannt, springt aber wieder auf und fliegt an Goethes Hals, bleibt auf seinem Schoß und schläft an seiner Brust ein. Als sie wieder aufwacht, beginnt ein neues Leben. Die Schoßgeschichte wurde schon bei Erscheinen des Buches sexuell gedeutet. Das Überspannte, zutiefst Hysterische der Szene missfiel auch Clemens, der zwar behauptete, das Buch habe ihn ergötzt, es aber eher mit gemischten Gefühlen aufnahm: »Du hast ihm eine gewaltig schöne Heerde geschlachtet. Wahrhaftig du hast ihm ein Monument mit dir selbst aufgemauert, was braucht es eines von Marmor, du selbst läufst ja als Solches in aller Welt herum [...]. Göthe tut mir Leid [...] und du arme, liebe Schwester.« [Zit. nach: Hartwig Schulz, *Unsre Lieb aber ist außerkohren. Die Geschichte der Geschwister Clemens und Bettine Brentano*, Frankfurt a. M. 2004, S. 425 f.] Bettine verteidigt sich energisch, nennt den Bruder eine Schlafmütze, da er den verehelichten Goethe erwähnt und macht sich lustig über Frauenzimmer, die wohlerzogen auf dem Sofa sitzen.

Zu diesem Zeitpunkt ist die Beziehung zwischen den einst innig verbundenen Geschwistern längst abgekühlt. Clemens, exzentrisch wie immer, ist inzwischen seiner katholischen Wege gegangen und teilt frömmelnde Tugendlehren in seinen Briefen aus, was von der Schwester witzig kommentiert wird: »Die geistliche Hoffahrt hat ihn überwachsen wie eine Schlingpflanze« [Zit. nach ebd., S. 350.]

Die Verbindung zwischen Bettine und Goethe fand drei Jahre, nachdem sie angeknüpft worden war, ein jähes Ende. Die inzwischen frisch verheiratete Bettine von Arnim geriet während des Besuchs einer Ausstellung in Weimar mit Goethes Frau Christiane aneinander. Es sei eine Blutwurst toll geworden und habe sie gebissen, resümiert Bettine den Vorfall. Wie ein Wort das andere gab, lässt sich nicht mehr rekonstruieren. Nach diesem unliebsamen Auftritt bricht Goethe, der sich anfänglich die Bewunderung der jungen Frau gern gefallen hat lassen, jeden Kontakt ab. Goethe war provokantes Betragen zuwider. Wer seine Kreise störte, wurde daraus verbannt. In einem Brief an den Großherzog Karl August äußerte er sich später verdrießlich: »Diese leidige Bremse ist mir als Erbstück von meiner guten Mutter schon viele Jahre sehr unbequem. Sie wiederholt dasselbe Spiel, das sie in ihrer Jugend allenfalls kleidete, wieder, spricht von Nachtigallen und zwitschert wie ein Zeisig.« [Zit. nach ebd., S. 369.] Die Bemerkung lässt allerdings außer Acht, dass er während seiner Recherchen zu *Dichtung und Wahrheit* die junge Bettine einst gebeten hatte, ihm aufzuschreiben, was ihr die Mutter über seine Frankfurter

Kindertage erzählt hatte. Damals war ihm ihre Beziehung zur Mutter durchaus willkommen gewesen.

Was aber hat Bettine von Arnim bewogen, bei diesem Buch bereits im Titel auf dem Kindsein zu beharren? Gewiss hat es damit zu tun, alles sexuell Anzügliche hinter der Unschuld kindlicher Spontaneität verstecken zu wollen. Und es sucht zu demonstrieren, was geschieht, wenn sich ein weibliches *genie enfant* mit einem erwachsenen männlichen Genie zusammentut und die Funken daraus sprühen. Es mag damals für eine Frau nicht leicht gewesen sein, sich als Schriftstellerin aus eigenem Recht zu verstehen (obwohl Bettine in ihrer Großmutter Sophie von La Roche darin ein Vorbild hatte und die Mitglieder der Brentano-Familie über das dazu nötige Selbstbewusstsein verfügten). Trotzdem hat der Versuch, sich über einen berühmten Mann die eigene Berühmtheit schreibend zu erschleichen, etwas Unangenehmes. Was soll man von einer über Fünfzigjährigen halten, die sich ganz auf das Kindhafte versteift, während das längst erwachsene Hirn und die mit Altersflecken besäte Hand Briefe einer im dokumentarischen Sinn wahr sein wollenden Begegnung mit dem berühmtesten Dichter der Zeit erfinden?

***

Zeit, von diesem Buch und seinem Erscheinungsjahr 1835, nun fort- und zu einem anderen Schriftsteller zu rücken, für den Goethe ebenfalls ein bedeutsames Vorbild abgab. 1835 war der in Zürich geborene Gottfried Keller sechzehn Jahre alt – ein talentreiches, etwas kurz geratenes Kerlchen, das versuchte, sich aus gedrückter Lage zu befreien. Sein etliche Jahre später entstandener *Grüner Heinrich* verwickelt ein geistesabenteuerndes Ausbruchskind in einen Lebensroman, und dieser Lebensroman war Keller immerhin so wichtig, dass er zwei Fassungen davon in den Druck gab – die Drucklegung der ersten Fassung beginnt 1851 und die der letzten endigt 1880. Der Roman erzählt die Kindheit und frühen Jahre von Heinrich Lee, eben jenes grünen Heinrich, der gern im grünen Röcklein geht, ja überhaupt eine innige Verbindung zur Farbe Grün unterhält. Kellers eigener Lebensgang taucht darin in nur wenig verschlüsselter Form auf. Aus dem Romanleben verbannt sind aber die Schwester Regula und der Stiefvater, die im wirklichen Leben des Gottfried Keller wichtige Rollen spielten, die Schwester gar eine lebenslange, denn sie wohnte in Zürich mit ihm bis ins Alter zusammen, und nach ihrem Tod starb der Bruder ihr schnell hinterher.

Heinrich Lee lernen wir nicht gleich anfangs, sondern erst nach einigen Seiten kennen. Zunächst wird die Schweiz in einem großen Panorama vor die Augen des Lesers gehoben – vorzüglich ihre an den Seen gelegenen Städte und als Krone davon die Stadt Zürich, die wie ein Traum aus den blauen Wassern steigt, sodann Grüppchen von Bewohnern der Schweiz, welche mit einfachem Sinn das Rechte zu treffen wissen, hinter ihnen erheben sich Berge und Gletscher. Heinrich Lee ist im Begriff, sich von der Schweiz zu verabschieden und nach Deutschland zu ziehen. Er nimmt dabei einen Weg, den auch der junge Keller einst gegangen ist, als er nach München, Heidelberg und schließlich Berlin aufbrach. Als abenteuernder Bursch hat Lee ein feines weiß und blaues Federchen von einem Nusshäher an seiner Samtmütze stecken.

Inwiefern war Heinrich Lees respektive Gottfried Kellers Lage eine gedrückte? Gottfried Keller wuchs mit einer früh verwitweten Mutter und einer Schwester auf. Eingeschränkt auf ein Haus im Züricher Stadtteil Hottingen, das ihr nach dem Tod ihres Mannes geblieben war und das sie zu Teilen vermietete, führte die Mutter ein eingezogenes, von der Sparsamkeit umschränktes Leben. Auch hier haben wir es mit einem Sohn zu tun, um den Mutter und Schwester zirkulierten, allerdings unter ungleich engeren und geistig unfreieren Verhältnissen, als sie dem jungen Goethe vergönnt waren. Obendrein lastete auf Keller die Bürde, der Mutter als Mannersatz halb dienen zu müssen, halb dienen zu wollen. Schwer fiel es ihm, aus dem Bannkreis zu treten, in dem der Verdacht der Mutter vorwaltete, er sei ein Versager und sie diejenige, die sich – umsonst – für ihn aufopfere.

Im Haushalt der Mutter Lee herrscht eine penible Ordnung, und diese weckt im Sohn den Wunsch nach Regellosigkeit. Über dem Hauswesen schwebt der idealisierte Vater, der ein tüchtiger Drechsler gewesen war. An ihn bindet sich für den kleinen Heinrich ein ganz in Grün getauchtes Erinnerungsbild mit einer Kartoffelpflanze, wie es um Heinrich her überhaupt immer wieder grünt und die Wünsche ins Kraut schießen. Im wirklichen Leben des kleinen Gottfried gab es bis zu seinem fünfzehnten Jahr einen Stiefvater als schlechten Stellvertreter des Vaters, der zwar nicht im *Grünen Heinrich* vorkommt, aber in einer späteren Erzählung auftaucht, in der er vom Sohn verjagt wird. Heinrich ist das einzige Kind der Frau Lee.

Bei Heinrich wie bei Gottfried erstickt eine kleinfamiliale Symbiose jeden Lebensmumm. Kommt der junge Gottfried einmal auf längere Zeit hinaus, wie im Sommer 1834 zu Verwandten der Mutter nach Glattfelden, und schreibt er dann der Mutter einen lustigen Brief, worin er zeigt, wie gut es ihm geht, so wird ihm seine Freude durch die Antwort der Mutter jäh verkürzt: »Aus Deinem Brief merke ich wohl, dass es Dir in Glattfelden gut gefällt; und dass Du sehr flott Dich befindest, beweist mir der Inhalt Deines Briefes: Schon der Anfang, der Titel: ›Guten Tag!‹ An wen? Ist es an mich, so darfst Du, hoffe wohl, den Mutternamen nennen.« [Zit. nach: Hans Wysling (Hrsg.), *Gottfried Keller. 1819–1890*, München/Zürich 1990, S. 61.]

Die Mutter Heinrichs handelt immerzu im vermeintlichen Auftrag des toten Vaters, gibt den Sohn an eine Schule, die der Vater gutgeheißen hätte. Mit dem Tod des Mannes wurde ihr jeglicher Freiheitsraum genommen; leise, still, wie erstickt und dieses Erstickende auf den Sohn übertragend, bringt sie in engem Kreislauf die Jahre hin. Ihrem haushälterischen Wesen entgeht nicht die kleinste Kleinigkeit, aber für das Streben des Sohnes hat sie kein Verständnis.

Dabei sind ihre Erwartungen an den Sohn riesig, da sind der mütterlichen Wunschmaschine wenig Grenzen gesetzt. Die Frau geht immerzu schwarz gekleidet. Ihrer Art zu kochen mangelt es an Charakter. Die Speisen der Frau Lee sind weder fett noch mager, weder überwürzt noch salzlos, »sie verschwendete kein Salzkorn zuviel und keines hat je gefehlt [...], diese nüchterne Mittelstraße langweilte mich« [Gottfried Keller, *Sämtliche Werke*, Bd. 2, hrsg. von Thomas Böning und Gerhard Kaiser, Frankfurt a. M. 1985, S. 86]. Verständlich, dass der Sohn diesem ausdruckslosen Geköch entfliehen will. Kritisiert der Sohn das Essen, droht die Mutter, er werde vielleicht eines Tages froh sein, wieder an ihrem Tisch zu sitzen und zu essen, »dann werde sie aber nicht mehr da sein« [ebd., S. 86]. Statt eines Tischtuchs verwendet sie – um die Wäsche zu sparen – ein Strohmättchen.

Rühmen wir aber, bevor wir weiter auf die Geschichte Heinrichs eingehen, die Gaben des Gottfried Keller. Klein wie sein Körper war, leistete er Großes. Sich nach einer besser eingerichteten Welt sehnen, Wünsche in leuchtende Vorstellungsbilder überführen, wahrlich, das konnte Keller, und darum gehen die Abstürze, die seine Helden an den schroffen Klippen der Wirklichkeit erleiden, sehr zu Herzen. Ich folge dem erzählenden Keller immer bedingungslos, er hat eine Art zu schreiben, der ich vertraue. Sie ist generös, voller Witz, dabei sehr reich, auch im Kleinen und Kleinsten. Besonders, wenn sein Blick scharf gestellt wird, gelangt er zu unwahrscheinlichen Ergebnissen, dann bekommt man als Leser die Welt gleichsam in einer Nussschale serviert. Seinem Können sieht man die Mühe und die oft quälend sich hinschleppende Zeit nicht an, in der seine Texte entstanden sind, ob er sich nun der Beschreibung einer Landschaft oder einem Menschen widmet. Und wie plastisch erst geraten ihm die Objekte der Handwerkskunst! (Wer sie nicht kennt, nehme die *Drei gerechten Kammmacher* zur Hand und staune.) Schachteln, Geheimfächer, Sachen und Sächelchen – Keller ist ein wahrer Fafner, der versponnene Schätze in Texten hortet. Nebenbei bemerkt: Er war auch ein recht guter Maler und Zeichner, hat von Pinsel und Farbstift aber schon in jungen Jahren wieder die Finger gelassen.

Für sein geliebtes Schweizer Volk wollte Keller der beglückende Dichter sein, besonders für die ehrsamen, inzwischen auch warmgesessenen Schweizer Städter, jene gebildete Bürgerschicht, die nach den freiheitlichen Erhebungen in der Mitte des Jahrhunderts treuherzig hoffte auf eine bessere Zeit. Dabei wollte er auf die Sprache, die sich in der Schweiz separat entwickelt hatte, mit etwas Abstand blicken und vom Wortschatz der berühmten deutschen Dichter schmausen.

Zurück zum *Grünen Heinrich*. Eine Gegenfigur zur Mutter erlebt der Knabe in Gestalt der Frau Margret, einer Trödlerin aus der Nachbarschaft. Sie hockt in einem Gewölbe auf einer Unmenge von ausrangierten Waren wie auf einem Thron, kann zwar nicht richtig rechnen, kommt aber auf ihre Kosten. Sie ist volkstümlich handelsschlau und wirkt wie eine archaische Göttin, umgeben von Büchern und Bruchstücken der Vergangenheit. So blättert sie in den teilweise kostbaren Büchern, worin sich so mancher theologische Schatz versteckt, verbindet auf andächtige Weise biblische Figuren mit Märchengestalten und Gespenstern, interessiert sich für Hellseherei. Ein archaischer Tauschverkehr, der nichts mit dem modernen Kapitalismus gemein hat, regelt den Erwerb der Frau Margret. Eigentlich ein ruppiger, launischer Charakter, frisst sie doch einen Narren an dem kleinen Heinrich und lässt ihn gutmütig gewähren. Sind die Objekte bei Frau Lee daheim alle reinlich und ordentlich versorgt, so liegen sie bei Frau Margret chaotisch um- und aufeinander; dreckig ist's auch. Der kleine Heinrich findet aber gerade hier – wie einst Clemens Brentano auf dem Dachboden das Ländchen Vadutz – sein leuchtendes Kinderparadies.

Im Gegensatz zur Mutter ist Frau Margret gesellig und versammelt in ihrem Gewölbe eine kleine Anhängerschar aus dem Volk, die sich spekulativ dem Unerklärlichen-Unheimlichen widmen.

An Frau Margrets Seite lebt auch ihr sonderbarer Mann, ein Männchen eher, zu nicht viel nutze, Vater Jakoblein genannt, dem hin und wieder der Kamm schwillt, und dann gibt es Streit. Kurz vor beider Tod kommt das alte Ehepaar auf schreckliche Weise auseinander in einem absurden Gefecht um den Wert der angesammelten Güter. Die Nachbarn sind an ihren Streit gewöhnt: »Doch in jeder Jahreszeit einmal, wenn in der Natur die großen Veränderungen geschahen und die alten Menschen an die Vergänglichkeit ihres Lebens erinnerten und ihre körperlichen Gebrechen fühlbarer wurden, erwachte, meistens in dunklen schlaflosen Nächten, ein entsetzlicher Streit zwischen ihnen, daß sie aufrecht in ihrem breiten altertümlichen Bett saßen, unter dem *einen* buntbemalten Himmel, und bis zum Morgengrauen, bei geöffneten Fenstern, sich die tödlichen Beleidigungen und Zankworte zuschleuderten, daß die stillen Gassen davon widerhallten. Sie warfen sich die Vergehungen einer fern abliegenden, sinnlich durchlebten Jugend vor und riefen Dinge durch die lautlose Nacht aus, welche lange vor der Wende dieses Jahrhunderts in Bergen und Gefilden geschehen, wo seitdem dichte Wälder entweder gewachsen oder verschwunden, und deren Teilnehmer längst in ihren Gräbern vermodert waren.« [Ebd., S. 117.]

Ist das nicht wunderbar? So leicht die Schmerzen der Vergangenheit in den Zauberbann der Gegenwart ziehen und das Ganze ins Absurde, weil alles längst vergangen ist und weiter vergeht? Das Ende vom Lied ist, dass die gierige Verwandtschaft das Gewölbe ausräumt und auf einem Leiterwagen die letzten Stücke abtransportiert. Damit geht eine archaische Form des Handeltreibens zugrunde, und die Nachbarschaft ist um eine Figur aus mythischer Schweizer Vorzeit ärmer.

Ganz anders mit der Vorzeit verbunden ist die Geschichte vom kleinen Meretlein. Wer weiß, vielleicht hat sich Keller durch das – eingeschaltete »Knabenmärchen« in *Dichtung und Wahrheit* dazu anregen lassen, nun seinerseits ein Märchen in seinen Roman einzuhängen. Es handelt sich um ein literarisiertes Kunstmärchen in altertümelndem Wortgewand, nicht um ein Volksmärchen im Stile der Brüder Grimm. Der Autor behauptet, die Geschichte sei bereits durch viele Münder gegangen und entsprechend ausgeschmückt worden. Den Knaben beeindruckt sie tief, handelt sie doch vom Eros als natürlicher Mitgift eines Mädchens, das damit eine ganze Gegend vexiert und darum aus der Gesellschaft verstoßen wird. Ein außerordentlich feines und kluges Mädchen von nur sieben Jahren und des ungeachtet die allerärgste Hexe. Das Kind verführt erwachsene Mannspersonen. Wie in *Dichtung und Wahrheit* handelt es sich um ein knäbisches Erkundungsmärchen in Sachen Eros, aber anders als beim neugierigen Goethe, wo ein aus der Antike herrührender Nymphenzauber das Mädchenfleisch in Glanz und Glorie hüllt, schlägt Kellers Märchen ins Sadistische und Böse aus. Böse, bitterböse sind die Erwachsenen, die der Anmut der kleinen Wiesenlolita verfallen. Das freie Spiel der Mädchenglieder macht sie verrückt. Sie können sich nur retten, indem sie mit zusammengebissenen Zähnen zerstören, was sie begehren. Aber das Meretlein ist nicht so einfach totzukriegen, man glaubt, es sei tot, aber es schlägt die Augen auf, kommt ganz behände aus dem Gräblein gekrochen und flieht in sein grünes Reich. Nur die Pflanzen und Tiere und Kinder sind gut zu ihm. Da legt es sich denn hin und stirbt.

Kellers Beschreibungskunst zieht alle Register. Sobald sich das Kind zum Sterben niederlegt, muss selbst der abgebrühte Leser blinzeln, um seiner feuchten Augen Herr zu werden.

Bei Goethe zeigt sich Eros heiter, bei Keller ist das Erotische gefährlich außer Rand und Band. Auch Heinrich Lee, der am Anfang so lustig und munter die Schweiz verlässt, ist kein gutes Leben beschieden. An spinnenfeinen Leimfäden, die er selbst kaum spürt, hält die Mutter ihn an der Leine. Der erwachsene Gottfried Keller ist nach seinen deutschen Wanderjahren ins Haus von Mutter und Schwester zurückgekehrt. Eine Frau konnte er nie für sich erobern.

Süße Frauenbilder, wie die bittre Erde sie nicht hegt, ziehen durch seine Legenden und Erzählungen. Eros invadiert die Schrift, kaum sichtbar überzieht das erotische Hoffen, Sehnen, Wünschen alle seine Texte, zum Entzücken des Lesers, der ahnungslos bleiben darf, wie sich das Leben des Autors von Schrift zu Schrift allmählich verdunkelt.

***

Zum Schluss die Frage: Gibt es zwischen den hier eher zufällig versammelten Beispielen eine Übereinstimmung? Irgendeine gemeinsame Summe zu ziehen? Nein, keine. Wer warum wie schreibt, ob gut, ob schlecht, ob es dafür, wie er schreibt, eine harte oder weiche, eine asketische oder idyllische Kindheit brauchte, eine, an die sich der Autor möglichst wenig oder möglichst genau erinnert, ist ein Rätsel, das immer neu zu Mutmaßungen verlockt. Die Kindheit, die ein Mensch erlebt hat, gehört zu ihm wie die Fasern seiner Haut oder seines Herzens. Naturgemäß ist sie wirksam im Schreiben eines Autors. Sobald ein Mensch erwachsen ist, wird ihm die Kindheit zur Chimäre. Aus dem Kopf der Chimäre entschweben verlogene Wahrheiten und wahrhaftige Lügen, immerfort.

SCHILLERS SCHÄDEL EINE WELT.

Das Nicht-Kind Schiller herrscht über das Theater. *Über das Erhabene*: »Der moralisch gebildete Mensch, und nur dieser, ist ganz frei. Entweder er ist der Natur als Macht überlegen, oder er ist einstimming mit derselben. Nichts, was sie an ihm ausübt, ist Gewalt, denn eh es bis zu ihm kommt, ist es schon seine eigene Handlung geworden, und die dynamische Natur erreicht ihn selbst nie, weil er sich von allem, was sie erreichen kann, freitätig scheidet.«
– Theater (32 cm lang, 26 cm hoch, 17 cm tief).

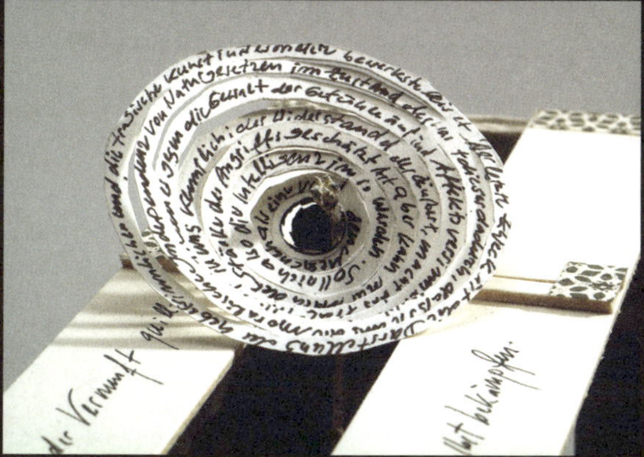
der Vernunft

KARL PHILIPP MORITZ, ›ANTON REISER‹, ERSTER TEIL.

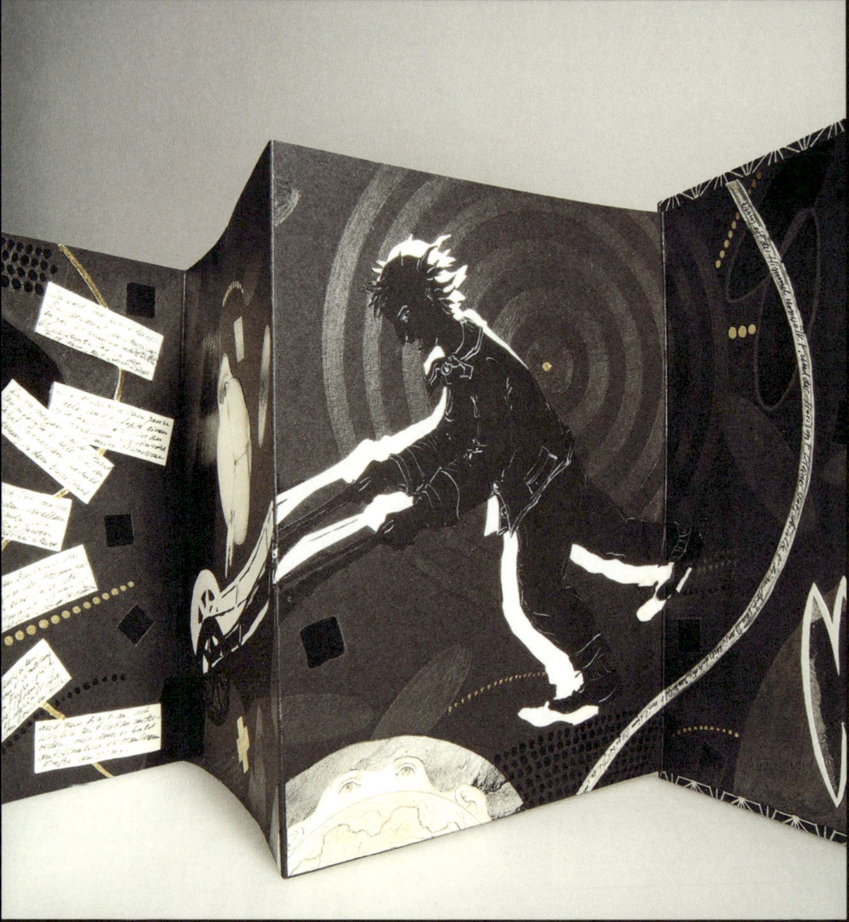

Das Jesulein wird in einer Schubkarre herumgefahren: »Er hatte nehmlich in den Guionschen Schriften und anderwärts viel von dem Jesulein gelesen, von welchem gesagt wurde, daß es allenthalben sei, und man beständig und an allen Orten mit ihm umgehen könne. [...] Nun schätzte er es aber doch für ein sehr hohes Glück, eine so hohe Person auf dem Schiebkarren herum fahren zu können, und ihr dadurch ein Vergnügen zu machen; und da diese Person nun ein Geschöpf seiner Einbildungskraft war, so machte er auch mit ihr, was er wollte, und ließ sie oft kürzer, oft länger an dem Fahren Gefallen finden, sagte wohl auch zuweilen mit der größten Ehrerbietigkeit, wenn er vom Fahren müde war: so gern ich wollte, ist es mir doch jetzt unmöglich, dich noch länger zu fahren.«

KARL PHILIPP MORITZ, ›ANTON REISER‹, ERSTER TEIL.

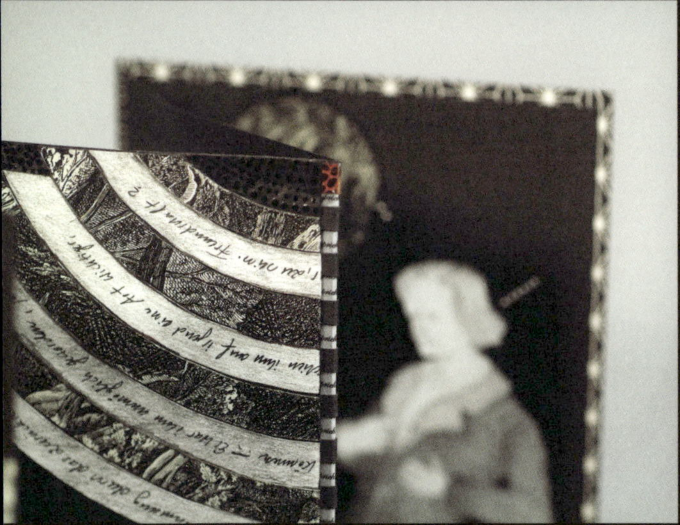

Die Madame Guyon spricht: ins Nichts gehe, ins Nichts!
Die Madame Guyon spricht: ins Nichts gehe, ins Nichts!
Die Madame Guyon spricht: ins Nichts gehe, ins Nichts!

Eine schöne Seelenlehre nach den Schriften der Madame Guyon: »Indes er
oben einsam saß und weinte, schallte das fröhliche Getümmel von unten
zu ihm herauf. – Verlassen von allem, fühlte er erst eine Art von bitterer Ver
achtung gegen sich selbst, die sich aber plötzlich in eine unaussprechliche
Wehmut verwandelte, da er zufälliger Weise die Lieder der Madam Guion
aufschlug, und eins fand, das gerade auf seinen Zustand zu passen schien.
– Eine solche Vernichtung, wie er in diesem Augenblick fühlte, mußte nach
dem Liede der Madam Guion vorhergehen, um sich in dem Abgrunde der
ewigen Liebe, wie ein Tropfen im Ozean, zu verlieren.« – Zwei Leporellos
(Etwa 80 cm lang, 18 cm hoch).

Knabenmärchen. Mir träumte neulich in der Nacht vor Pfingstsonntag, als stünde ich vor einem Spiegel und

JOHANN WOLFGANG GOETHE, ›DICHTUNG UND WAHRHEIT‹,
ERSTER TEIL, ZWEITES BUCH,
DER NEUE PARIS, KNABENMÄRCHEN.

»Aber mit einmal erblickte ich auf meinen Fingerspitzen ein allerliebstes Mädchen herumtanzen, [...] gar niedlich und munter; und weil sie nicht wie die anderen fortflog, sondern verweilte, und bald auf diese, bald auf jene Fingerspitze tanzend hin und her trat, so sah ich ihr eine Zeit lang verwundert zu.«
– Offenes Objekt (30 cm lang, 16 cm hoch, 21 cm tief).

Leder.
mit silbernen
und einem Rock von

CLEMENS BRENTANO, DAS LÄNDCHEN VADUTZ.

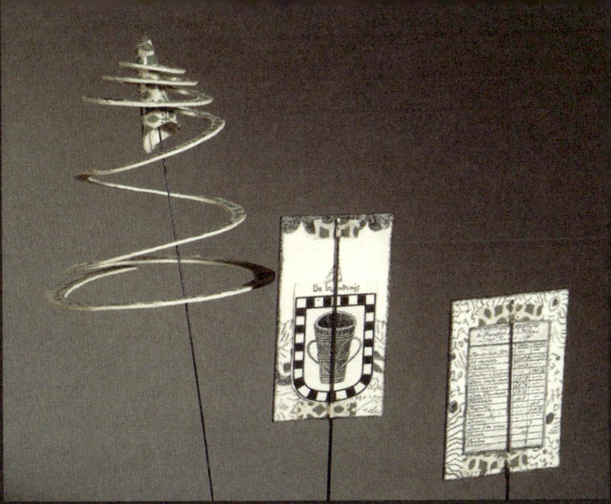

Ein Kinderparadies auf dem Dachboden des Frankfurter Handelshauses ›Zum goldenen Knopf‹: »O Schatzkammer von Vadutz, was botst du alles dar? Vor allem aber entzückte mich ein kunstreicher Besatz von den Braut- und Festkleidern meiner Großmutter. Nie kann ich die Bauschen und Puffen von Seide und Spitzen vergessen, gleich Berg und Tal eines Feenlandes, gleich den Zaubergärten der Armida von den Gewinden feiner, allerliebster, bunter Seidenblümchen labyrinthisch durchirrt.« – Box (29 cm hoch, 21 cm breit, 21 cm tief).

GOTTFRIED KELLER, ›DER GRÜNE HEINRICH‹,
ERSTE FASSUNG, ERSTER BAND.

Die Geschichte vom kleinen Meretlein, dem Hexenkind: »Es sei ein außerordentlich feines und kluges Mädchen in dem zarten Alter von sieben Jahren und dessen ungeachtet die allerärgste Hexe gewesen. Besonders hätte es erwachsene Mannspersonen verführt [...], daß selbe sich sterblich in das kleine Kind verliebt und seinetwegen böse Händel angefangen hätten.« – Offenes Objekt (30 cm lang, 18 cm hoch, 23 cm tief).

Als die Sunde gekommen,
Ihr Haar sowie ihr Hemdlein
uns mit dem
Ein vornehmes Kind aus der
verblieben und elendiglich verstorben.
Es sei aber in der gottlosen
in das Pfarrhaus.

Das vorliegende Marbacher Magazin erscheint zu
FLUXUS 12: ›Sibylle Lewitscharoff: Der Dichter als Kind. Fünf szenische Objekte‹
Literaturmuseum der Moderne, Marbach am Neckar,
10. Dezember 2009

Fotografie: DLA (Chris Korner)

Zu den Papierobjekten:
Ich möchte zwei Künstler erwähnen, von denen Zeichnungen als Material für die Collagen verwendet wurden: einen ›Hexenbesen‹ von Andrew Wyeth (*Master Drawings from the Artist's Collection*, Pennsylvania 2006) und einen von Bäumen gesäumten Weg von Hannes Binder, der ein Gedicht von Mörike so hinreißend illustriert hat (Eduard Mörike / Hannes Binder, *Um Mitternacht*, Zürich 2009).

S. L.

Herausgeber: Deutsches Literaturarchiv Marbach
Redaktion: Dietmar Jaegle
Ausstattung: Diethard Keppler und Stefan Schmid
Gesamtherstellung: Offizin Scheufele Druck und Medien, Stuttgart
ISBN 978-3-937384-63-4

Die Deutsche Schillergesellschaft wird gefördert
durch die Bundesrepublik Deutschland,
das Land Baden-Württemberg, den Landkreis Ludwigsburg
und die Städte Ludwigsburg, Marbach am Neckar
und Stuttgart.